Prayers For Women

Hannah's Prayer

Guide For Women Of GOD With Prompts

52 Week Scripture

Devotional and Gratitude Journal

By Linda Wright

These Written Prayers &
Expressions Of Gratitude Belong
To:

Copyright

Copyright © 2023 by Linda Wright. All rights reserved. No part of this book may be reproduced, in any form or by any means without written permission by the author.

Scripture quotations taken from the Holy Bible King James Version. Copyright © 1982 by Thomas Nelson. Used by permission. All rights reserved.

Descriptive Page

This is a simple tool for you to convey your prayers, thankfulness and expressions of appreciation to GOD.

It is the size of a notebook (8 X 10), with plenty of space for joyful reflections, prayers and written expressions of gratitude.

Be Blessed!

Prayer

Prayer defined by Dictionaty.com is a devout petition to GOD or an object of worship (2) It is a spiritual communion with GOD or an object of worship as in supplication, thanksgiving, adoration or confession.

I define prayer as an effective process in the Christian Walk by, where a person communicates their petitions and requests to GOD, asking in Jesus Chrisl's name by faith.

What is your personal definition of prayer?

Hannah's Prayer

(1 Samuel 1:10-11)

And she was in bitterness of soul, and prayed unto the LORD, and wept sore.

And she vowed a vow, and said, O LORD of hosts, if thou wilt indeed look on the affliction of thine handmaid, and remember me, and not forget thine handmaid, but wilt give unto thine handmaid a man child, then I will give him unto the LORD all the days of his life, and there shall no razor come upon his head.

Prayer Answered

(1 Samuel 1:27-28)

For the child I prayed; and the LORD hath given

me my petition which I asked of him:

Therefore, also I have lent him to the LORD; as long as liveth, he shall be lent to the LORD. And he worshipped the LORD there.

Hannah's Prayer Of Joyful Gratitude

(1 Samuel 2: 1-3)

And Hannah prayed, and said, My heart rejoiceth in the LORD, mine horn is exalted in the LORD: my mouth is enlarged over mine enemies; because I rejoice in thy salvation.

There is none holy as the LORD: for there is none besides thee: neither is there any rock like our GOD.

Talk no more exceeding proudly; let not arrogancy come out of your mouth: for the LORD is a GOD of knowledge, and his actions are weighed.

Perspective Of Hannah's Prayer

Hannah's Prayer is a prime example of a Godly woman trusting GOD in the face of despair and hopelessness. In the end, she was faithful to GOD and He blessed her with a child of her own, a boy who grew up to be Samuel the Prophet of the Old Testament.

She lived the saying, Never Give Up, Help Is On The Way, until her hopeful prayers came to fruition. She knew GOD has all power and He was the only one who could cure her infertility.

In conclusion, Hannah's Prayer is proof positive in the power of prayer, enduring faith and the fact that with GOD all things are possible.

The Hannah Quiz

1. What is Hannah's Hebrew name and what does it mean?

____

____

____

2. What is the name of Hannah's husband?

____

____

____

3. Who is Hannah's nemesis?

____

____

4. Who thought Hannah was drunk when she was praying in silence?

____

____

____

How many children did Hannah have and which one is well-known?

____

____

____

The Lord's Prayer

Matthew 6:9-13

Our Father which art in heaven, Hallowed be thy name.

Thy kingdom come, Thy will be done on earth, as it is in heaven.

Give us this day our daily bread.

And forgive us our debts, as we forgive our debtors.

And lead us not into temptation, but deliver us from evil: For thine is the kingdom, and the power, and the glory for ever. Amen.

Jesus Christ Prays For His Disciples & Us

John 17:9-26

I pray for them: I pray not for the world, but for them which hast given me; for they are thine.

And all mine are thine, and thine are mine; and I am glorified in them.

And now I am no more in the world, but these are in the world and I come to thee. Holy Father, keep through thine own name those who thou hast given me, that they may be one, as we are.

While I was with them in the world, I kept them in thy name: those that thou gavest me I have kept, and none of them is lost, but the son of perdition; that the scripture might be fulfilled.

And now I come to thee; and these things I speak in the world, that they might have my joy fulfilled in themselves.

I have given them my word, and the world hath hated them, because they are not of the world, even as I am not of the world.

I pray not that thou shouldest take them out of the world, but thou shouldest keep them from the evil.

They are not of the world, even as I am not of the world.

Sanctify them through thy truth: thy word is truth.

As thou hast sent me into the world, even so have I sent

them into the world.

And for their sakes I sanctify myself, that they also might be sanctified through the truth.

Neither pray I for these alone, but for them also which shall believe on me through their word.

That they all may be one, as thou, Father, art in me, and I in thee, that they also may be one in us: that the world may believe that thou hast sent me.

And the glory which thou gavest me I have given them; that they may be one, even as we are one.

I in them, and thou in me, that they may be made perfect in one; and that the world may know that thou hast sent me, and hast loved them, as thou hast loved me.

Father, I will that they also, whom thou hast given me, be

with me where I am; that they may behold my glory, which thou hast given me: for thou lovedst me before the foundation of the world.

O righteous Father, the world hath not known thee: but I have known thee, and these have known that thou hast sent me.

And I have declared unto them thy name, and will declare it: that the love wherewith thou hast loved me may be in them, and I in them.

Praying The 23rd Psalm

Praying GOD'S Word back to Him is an effective way to obtain comfort, peace of mind, joy in the time of trouble, answered prayers and a successful journey on life's highway.

Psalm 23

The LORD is my shepherd; I shall not want.

He maketh me to lie down in green pastures: he leadeth me besides the still waters.

He restoreth my soul: he leadeth me in the paths of righteousness for his name's sake.

Yea, though I walk through the valley of the shadow death, I will fear no evil: for thou art with me; thy rod and thy staff they comfort me.

Thou preparest a table before me in the presence of mine enemies: thou anointest my head with oil; my cup runneth over.

Surely goodness and mercy shall follow me all the days of my life: and

I will dwell in the house of the LORD for ever.

My Prayer For You

Father GOD, Bless all who will read this book journal and their loved ones. Draw them closer to You. Let your Holy Word be a lamp unto their feet and a light to their path. Keep them safe from seen and unseen dangers. Turn their sadness into joy, laughing and victory. Let them know You will always be with them. And Father GOD, let them never forget You are Jehovah Jireh, The LORD Will Provide. I ask these and many blessings in the name of Jesus Christ. Amen.

Never Give Up, The Best Is Yet To In Jesus Christ!

Thank You

I hope you enjoyed this reading and writing devotional journal and in a small way, it brightens your day & refreshed your mind with joy and peace.

Contact Proverbs@writeme.com for comments, feedback and suggestions.

Be Blessed, Prosperous, & Safe.

Make Your Requests Known To GOD.

Give Thanks Unto The LORD.

Day 1: I Am Praying and Thankful For

____

____

____

____

Day 2: I Am Praying and Thankful For

____

____

____

Day 3: I Am Praying and Thankful For

____

____

____

Day 4: I Am Praying and Thankful For

____

____

____

Day 5: I Am Praying and Thankful For

____

____

____

Day 6: I Am Praying and Thankful For

____

____

____

Day 7: I Am Praying and Thankful For

____

____

____

Day 8: I Am Praying and Thankful For

____

____

____

Day 9: I Am Praying and Thankful For

____

____

____

Day 10: I Am Praying and Thankful For

____

____

____

Day 11: I Am Praying and Thankful For

____

____

____

Day 12: I Am Praying and Thankful For

____

____

____

Day 13: I Am Praying and Thankful For

____

____

____

Day 14: I Am Praying and Thankful For

____

____

____

Day 15: I Am Praying and Thankful For

____

____

____

Day 16: I Am Praying and Thankful For

____

____

____

Day 17: I Am Praying and Thankful For

____

____

____

Day 18: I Am Praying and Thankful For

____

____

____

Day 19: I Am Praying and Thankful For

____

____

____

Day 20: I Am Praying and Thankful For

____

____

____

Day 21: I Am Praying and Thankful For

____

____

____

Day 22: I Am Praying and Thankful For

____

____

____

Day 23: I Am Praying and Thankful For

____

____

____

Day 24: I Am Praying and Thankful For

____

____

____

Day 25: I Am Praying and Thankful For

____

____

____

Day 26: I Am Praying and Thankful For

____

____

____

Day 27: I Am Praying and Thankful For

____

____

____

Day 28: I Am Praying and Thankful For

____

____

____

Day 29: I Am Praying and Thankful For

____

____

____

Day 30: I Am Praying and Thankful For

____

____

____

Day 31: I Am Praying and Thankful For

____

____

____

Day 32: I Am Praying and Thankful For

____

____

____

Day 33: I Am Praying and Thankful For

____

____

____

Day 34: I Am Praying and Thankful For

____

____

____

Day 35: I Am Praying and Thankful For

____

____

____

Day 36: I Am Praying and Thankful For

____

____

____

Day 37: I Am Praying and Thankful For

____

____

____

Day 38: I Am Praying and Thankful For

____

____

____

Day 39: I Am Praying and Thankful For

____

____

____

Day 40: I Am Praying and Thankful For

____

____

____

Day 41: I Am Praying and Thankful For

____

____

____

Day 42: I Am Praying and Thankful For

____

____

____

Day 43: I Am Praying and Thankful For

Day 44: I Am Praying and Thankful For

Day 45: I Am Praying and Thankful For

Day 46: I Am Praying and Thankful For

____

____

____

Day 47: I Am Praying and Thankful For

____

____

____

Day 48: I Am Praying and Thankful For

____

____

____

Day 49: I Am Praying and Thankful For

____

____

____

Day 50: I Am Praying and Thankful For

____

____

____

Day 51: I Am Praying and Thankful For

____

____

____

Day 52: I Am Praying and Thankful For

____

____

____

Day 53: I Am Praying and Thankful For

____

____

____

Day 54: I Am Praying and Thankful For

____

____

____

Day 55: I Am Praying and Thankful For

____

____

____

Day 56: I Am Praying and Thankful For

____

____

____

Day 57: I Am Praying and Thankful For

____

____

____

Day 58: I Am Praying and Thankful For

____

____

____

Day 59: I Am Praying and Thankful For

____

____

____

Day 60: I Am Praying and Thankful For

____

____

____

Day 61: I Am Praying and Thankful For

____

____

____

Day 62: I Am Praying and Thankful For

____

____

____

Day 63: I Am Praying and Thankful For

____

____

____

Day 64: I Am Praying and Thankful For

____

____

____

Day 65: I Am Praying and Thankful For

____

____

____

Day 66: I Am Praying and Thankful For

____

____

____

Day 67: I Am Praying and Thankful For

____

____

____

Day 68: I Am Praying and Thankful For

____

____

____

Day 69: I Am Praying and Thankful For

____

____

____

Day 70: I Am Praying and Thankful For

____

____

____

Day 71: I Am Praying and Thankful For

____

____

____

Day 72: I Am Praying and Thankful For

____

____

____

Day 73: I Am Praying and Thankful For

____

____

____

Day 74: I Am Praying and Thankful For

____

____

____

Day 75: I Am Praying and Thankful For

____

____

____

Day 76: I Am Praying and Thankful For

____

____

____

Day 77: I Am Praying and Thankful For

____

____

____

Day 78: I Am Praying and Thankful For

____

____

____

Day 79: I Am Praying and Thankful For

____

____

____

Day 80: I Am Praying and Thankful For

____

____

____

Day 81: I Am Praying and Thankful For

____

____

____

Day 82: I Am Praying and Thankful For

____

____

____

Day 83: I Am Praying and Thankful For

____

____

____

Day 84: I Am Praying and Thankful For

____

____

____

Day 85: I Am Praying and Thankful For

____

____

____

Day 86: I Am Praying and Thankful For

____

____

____

Day 87: I Am Praying and Thankful For

____

____

____

Day 88: I Am Praying and Thankful For

____

____

____

Day 89: I Am Praying and Thankful For

____

____

____

Day 90: I Am Praying and Thankful For

____

____

____

Day 91: I Am Praying and Thankful For

____

____

____

Day 92: I Am Praying and Thankful For

____

____

____

Day 93: I Am Praying and Thankful For

____

____

____

Day 94: I Am Praying and Thankful For

____

____

____

Day 95: I Am Praying and Thankful For

____

____

____

Day 96: I Am Praying and Thankful For

____

____

____

Day 97: I Am Praying and Thankful For

____

____

____

Day 98: I Am Praying and Thankful For

____

____

____

Day 99: I Am Praying and Thankful For

____

____

____

Day 100: I Am Praying and Thankful For

____

____

____

Day 101: I Am Praying and Thankful For

____

____

____

Day 102: I Am Praying and Thankful For

____

____

____

Day 103: I Am Praying and Thankful For

____

____

____

Day 104: I Am Praying and Thankful For

____

____

____

Day 105: I Am Praying and Thankful For

____

____

____

Day 106: I Am Praying and Thankful For

____

____

____

Day 107: I Am Praying and Thankful For

____

____

____

Day 108: I Am Praying and Thankful For

____

____

____

Day 109: I Am Praying and Thankful For

____

____

____

Day 110: I Am Praying and Thankful For

____

____

____

Day 111: I Am Praying and Thankful For

____

____

____

Day 112: I Am Praying and Thankful For

____

____

____

Day 113: I Am Praying and Thankful For

____

____

____

Day 114: I Am Praying and Thankful For

____

____

____

Day 115: I Am Praying and Thankful For

____

____

____

Day 116: I Am Praying and Thankful For

____

____

____

Day 117: I Am Praying and Thankful For

____

____

____

Day 118: I Am Praying and Thankful For

____

____

____

Day 119: I Am Praying and Thankful For

____

____

____

Day 120: I Am Praying and Thankful For

____

____

____

Day 121: I Am Praying and Thankful For

____

____

____

Day 122: I Am Praying and Thankful For

____

____

____

Day 123: I Am Praying and Thankful For

____

____

____

Day 124: I Am Praying and Thankful For

____

____

____

Day 125: I Am Praying and Thankful For

____

____

____

Day 126: I Am Praying and Thankful For

____

____

____

Day 127: I Am Praying and Thankful For

____

____

____

Day 128: I Am Praying and Thankful For

____

____

____

Day 129: I Am Praying and Thankful For

____

____

____

Day 130: I Am Praying and Thankful For

____

____

____

Day 131: I Am Praying and Thankful For

____

____

____

Day 132: I Am Praying and Thankful For

____

____

____

Day 133: I Am Praying and Thankful For

____

____

____

Day 134: I Am Praying and Thankful For

____

____

____

Day 135: I Am Praying and Thankful For

____

____

____

Day 136: I Am Praying and Thankful For

____

____

____

Day 137: I Am Praying and Thankful For

____

____

____

Day 138: I Am Praying and Thankful For

____

____

____

Day 139: I Am Praying and Thankful For

____

____

____

Day 140: I Am Praying and Thankful For

____

____

____

Day 141: I Am Praying and Thankful For

____

____

____

Day 142: I Am Praying and Thankful For

____

____

____

Day 143: I Am Praying and Thankful For

____

____

____

Day 144: I Am Praying and Thankful For

____

____

____

Day 145: I Am Praying and Thankful For

____

____

____

Day 146: I Am Praying and Thankful For

____

____

____

Day 147: I Am Praying and Thankful For

____

____

____

Day 148: I Am Praying and Thankful For

____

____

____

Day 149: I Am Praying and Thankful For

____

____

____

Day 150: I Am Praying and Thankful For

____

____

____

Day 151: I Am Praying and Thankful For

____

____

____

Day 152: I Am Praying and Thankful For

____

____

____

Day 153: I Am Praying and Thankful For

____

____

____

Day 154: I Am Praying and Thankful For

____

____

____

Day 155: I Am Praying and Thankful For

____

____

____

Day 156: I Am Praying and Thankful For

____

____

____

Day 157: I Am Praying and Thankful For

____

____

____

Day 158: I Am Praying and Thankful For

____

____

____

Day 159: I Am Praying and Thankful For

____

____

____

Day 160: I Am Praying and Thankful For

____

____

____

Day 161: I Am Praying and Thankful For

____

____

____

Day 162: I Am Praying and Thankful For

____

____

____

Day 163; I Am Praying and Thankful For

____

____

____

Day 164: I Am Praying and Thankful For

____

____

____

Day 165: I Am Praying and Thankful For

____

____

____

Day 166: I Am Praying and Thankful For

____

____

____

Day 167: I Am Praying and Thankful For

____

____

____

Day 168: I Am Praying and Thankful For

____

____

____

Day 169: I Am Praying and Thankful For

____

____

____

Day 170: I Am Praying and Thankful For

____

____

____

Day 171: I Am Praying and Thankful For

____

____

____

Day 172: I Am Praying and Thankful For

____

____

____

Day 173: I Am Praying and Thankful For

____

____

____

Day 174: I Am Praying and Thankful For

____

____

____

Day 175: I Am Praying and Thankful For

____

____

____

Day 176: I Am Praying and Thankful For

____

____

____

Day 177: I Am Praying and Thankful For

____

____

____

Day 178: I Am Praying and Thankful For

____

____

____

Day 179: I Am Praying and Thankful For

____

____

____

Day 180: I Am Praying and Thankful For

____

____

____

Day 181: I Am Praying and Thankful For

____

____

____

Day 182: I Am Praying and Thankful For

____

____

____

Day 183: I Am Praying and Thankful For

____

____

____

Day 184: I Am Praying and Thankful For

____

____

____

Day 185: I Am Praying and Thankful For

____

____

____

Day 186: I Am Praying and Thankful For

____

____

____

Day 187: I Am Praying and Thankful For

____

____

____

Day 188: I Am Praying and Thankful For

____

____

____

Day 189: I Am Praying and Thankful For

____

____

____

Day 190: I Am Praying and Thankful For

____

____

____

Day 191: I Am Praying and Thankful For

____

____

____

Day 192: I Am Praying and Thankful For

____

____

____

Day 193: I Am Praying and Thankful For

____

____

____

Day 194: I Am Praying and Thankful For

____

____

____

Day 195: I Am Praying and Thankful For

____

____

____

Day 196: I Am Praying and Thankful For

____

____

____

Day 197: I Am Praying and Thankful For

____

____

____

Day 198: I Am Praying and Thankful For

____

____

____

Day 199: I Am Praying and Thankful For

____

____

____

Day 200: I Am Praying and Thankful For

____

____

____

Day 201: I Am Praying and Thankful For

____

____

____

Day 202: I Am Praying and Thankful For

____

____

____

Day 203: I Am Praying and Thankful For

____

____

____

Day 204: I Am Praying and Thankful For

____

____

____

Day 205: I Am Praying and Thankful For

____

____

____

Day 206: I Am Praying and Thankful For

____

____

____

Day 207: I Am Praying and Thankful For

____

____

____

Day 208: I Am Praying and Thankful For

____

____

____

Day 209: I Am Praying and Thankful For

____

____

____

Day 210: I Am Praying and Thankful For

____

____

____

Day 211: I Am Praying and Thankful For

____

____

____

Day 212: I Am Praying and Thankful For

____

____

____

Day 213: I Am Praying and Thankful For

____

____

____

Day 214: I Am Praying and Thankful For

____

____

____

Day 215: I Am Praying and Thankful For

____

____

____

Day 216: I Am Praying and Thankful For

____

____

____

Day 217: I Am Praying and Thankful For

____

____

____

Day 218: I Am Praying and Thankful For

____

____

____

Day 219: I Am Praying and Thankful For

____

____

____

Day 220: I Am Praying and Thankful For

____

____

____

Day 221: I Am Praying and Thankful For

____

____

____

Day 222: I Am Praying and Thankful For

____

____

____

Day 223: I Am Praying and Thankful For

____

____

____

Day 224: I Am Praying and Thankful For

____

____

____

Day 225: I Am Praying and Thankful For

____

____

____

Day 226: I Am Praying and Thankful For

____

____

____

Day 227: I Am Praying and Thankful For

____

____

____

Day 228: I Am Praying and Thankful For

____

____

____

Day 229: I Am Praying and Thankful For

____

____

____

Day 230: I Am Praying and Thankful For

____

____

____

Day 231: I Am Praying and Thankful For

____

____

____

Day 232: I Am Praying and Thankful For

____

____

____

Day 233: I Am Praying and Thankful For

____

____

____

Day 234: I Am Praying and Thankful For

____

____

____

Day 235: I Am Praying and Thankful For

____

____

____

Day 236: I Am Praying and Thankful For

____

____

____

Day 237: I Am Praying and Thankful For

____

____

____

Day 238: I Am Praying and Thankful For

____

____

____

Day 239: I Am Praying and Thankful For

____

____

____

Day 240: I Am Praying and Thankful For

____

____

____

Day 241: I Am Praying and Thankful For

Day 242: I Am Praying and Thankful For

Day 243: I Am Praying and Thankful For

Day 244: I Am Praying and Thankful For

____

____

____

Day 245: I Am Praying and Thankful For

____

____

____

Day 246: I Am Praying and Thankful For

____

____

____

Day 247: I Am Praying and Thankful For

____

____

____

Day 248: I Am Praying and Thankful For

____

____

____

Day 249: I Am Praying and Thankful For

____

____

____

Day 250: I Am Praying and Thankful For

____

____

____

Day 251: I Am Praying and Thankful For

____

____

____

Day 252: I Am Praying and Thankful For

____

____

____

Day 253: I Am Praying and Thankful For

____

____

____

Day 254: I Am Praying and Thankful For

____

____

____

Day 255: I Am Praying and Thankful For

____

____

____

Day 256: I Am Praying and Thankful For

____

____

____

Day 257: I Am Praying and Thankful For

____

____

____

Day 258: I Am Praying and Thankful For

____

____

____

Day 259: I Am Praying and Thankful For

____

____

____

Day 260: I Am Praying and Thankful For

____

____

____

Day 261: I Am Praying and Thankful For

____

____

____

Day 262: I Am Praying and Thankful For

____

____

____

Day 263: I Am Praying and Thankful For

____

____

____

Day 264: I Am Praying and Thankful For

____

____

____

Day 265: I Am Praying and Thankful For

____

____

____

Day 266: I Am Praying and Thankful For

____

____

____

Day 267: I Am Praying and Thankful For

____

____

____

Day 268: I Am Praying and Thankful For

____

____

____

Day 269: I Am Praying and Thankful For

____

____

____

Day 270: I Am Praying and Thankful For

____

____

____

Day 271: I Am Praying and Thankful For

Day 272: I Am Praying and Thankful For

Day 273: I Am Praying and Thankful For

Day 274: I Am Praying and Thankful For

____

____

____

Day 275: I Am Praying and Thankful For

____

____

____

Day 276: I Am Praying and Thankful For

____

____

____

Day 277: I Am Praying and Thankful For

____

____

____

Day 278: I Am Praying and Thankful For

____

____

____

Day 279: I Am Praying and Thankful For

____

____

____

Day 280: I Am Praying and Thankful For

____

____

____

Day 281: I Am Praying and Thankful For

____

____

____

Day 282: I Am Praying and Thankful For

____

____

____

Day 283: I Am Praying and Thankful For

____

____

____

Day 284: I Am Praying and Thankful For

____

____

____

Day 285: I Am Praying and Thankful For

____

____

____

Day 286: I Am Praying and Thankful For

____

____

____

Day 287: I Am Praying and Thankful For

____

____

____

Day 288: I Am Praying and Thankful For

____

____

____

Day 289: I Am Praying and Thankful For

____

____

____

Day 290: I Am Praying and Thankful For

____

____

____

Day 291: I Am Praying and Thankful For

____

____

____

Day 292: I Am Praying and Thankful For

____

____

____

Day 293: I Am Praying and Thankful For

____

____

____

Day 294: I Am Praying and Thankful For

____

____

____

Day 295: I Am Praying and Thankful For

____

____

____

Day 296: I Am Praying and Thankful For

____

____

____

Day 297: I Am Praying and Thankful For

____

____

____

Day 298: I Am Praying and Thankful For

____

____

____

Day 299: I Am Praying and Thankful For

____

____

____

Day 300: I Am Praying and Thankful For

____

____

____

Day 301: I Am Praying and Thankful For

____

____

____

Day 302: I Am Praying and Thankful For

____

____

____

Day 303: I Am Praying and Thankful For

____

____

____

Day 304: I Am Praying and Thankful For

____

____

____

Day 305: I Am Praying and Thankful For

____

____

____

Day 306: I Am Praying and Thankful For

____

____

____

Day 307: I Am Praying and Thankful For

____

____

____

Day 308: I Am Praying and Thankful For

____

____

____

Day 309: I Am Praying and Thankful For

____

____

____

Day 310: I Am Praying and Thankful For

____

____

____

Day 311: I Am Praying and Thankful For

____

____

____

Day 312: I Am Praying and Thankful For

____

____

____

Day 313: I Am Praying and Thankful For

____

____

____

Day 314: I Am Praying and Thankful For

____

____

____

Day 315: I Am Praying and Thankful For

____

____

____

Day 316: I Am Praying and Thankful For

____

____

____

Day 317: I Am Praying and Thankful For

____

____

____

Day 318: I Am Praying and Thankful For

____

____

____

Day 319: I Am Praying and Thankful For

____

____

____

Day 320: I Am Praying and Thankful For

____

____

____

Day 321: I Am Praying and Thankful For

____

____

____

Day 322: I Am Praying and Thankful For

____

____

____

Day 323: I Am Praying and Thankful For

____

____

____

Day 324: I Am Praying and Thankful For

____

____

____

Day 325: I Am Praying and Thankful For

____

____

____

Day 326: I Am Praying and Thankful For

____

____

____

Day 327: I Am Praying and Thankful For

____

____

____

Day 328: I Am Praying and Thankful For

____

____

____

Day 329: I Am Praying and Thankful For

____

____

____

Day 330: I Am Praying and Thankful For

____

____

____

Day 331: I Am Praying and Thankful For

____

____

____

Day 332: I Am Praying and Thankful For

____

____

____

Day 333: I Am Praying and Thankful For

____

____

____

Day 334: I Am Praying and Thankful For

____

____

____

Day 335: I Am Praying and Thankful For

____

____

____

Day 336: I Am Praying and Thankful For

____

____

____

Day 337: I Am Praying and Thankful For

____

____

____

Day 338: I Am Praying and Thankful For

____

____

____

Day 339: I Am Praying and Thankful For

____

____

____

Day 340: I Am Praying and Thankful For

____

____

____

Day 341: I Am Praying and Thankful For

____

____

____

Day 342: I Am Praying and Thankful For

____

____

____

Day 343: I Am Praying and Thankful For

____

____

____

Day 344: I Am Praying and Thankful For

____

____

____

Day 345: I Am Praying and Thankful For

____

____

____

Day 346: I Am Praying and Thankful For

____

____

____

Day 347: I Am Praying and Thankful For

____

____

____

Day 348: I Am Praying and Thankful For

____

____

____

Day 349: I Am Praying and Thankful For

____

____

____

Day 350: I Am Praying and Thankful For

____

____

____

Day 351: I Am Praying and Thankful For

____

____

____

Day 352: I Am Praying and Thankful For

____

____

____

Day 353: I Am Praying and Thankful For

____

____

____

Day 354: I Am Praying and Thankful For

____

____

____

Day 355: I Am Praying and Thankful For

____

____

____

Day 356: I Am Praying and Thankful For

____

____

____

Day 357: I Am Praying and Thankful For

____

____

____

Day 358: I Am Praying and Thankful For

____

____

____

Day 359: I Am Praying and Thankful For

____

____

____

Day 360: I Am Praying and Thankful For

____

____

____

Day 361: I Am Praying and Thankful For

____

____

____

Day 362: I Am Praying and Thankful For

____

____

____

Day 363: I Am Praying and Thankful For

____

____

____

Day 364: I Am Praying and Thankful For

____

____

____

Day 365: I Am Praying and Thankful For

____

____

____

Love GOD, Love People.

Insightful & Joyous Notes

____

____

____

____

____

____

____

____

____

____

Be Blessed!

Insightful & Joyous Notes

____

____

____

____

____

____

____

____

____

____

____

Be Blessed!